BEI GRIN MACHT SICH IHR WISSEN BEZAHLT

- Wir veröffentlichen Ihre Hausarbeit, Bachelor- und Masterarbeit

- Ihr eigenes eBook und Buch - weltweit in allen wichtigen Shops

- Verdienen Sie an jedem Verkauf

Jetzt bei www.GRIN.com hochladen und kostenlos publizieren

Bibliografische Information der Deutschen Nationalbibliothek:

Die Deutsche Bibliothek verzeichnet diese Publikation in der Deutschen National-
bibliografie; detaillierte bibliografische Daten sind im Internet über http://dnb.d-
nb.de/ abrufbar.

Impressum:

Copyright © 2008 GRIN Verlag, Open Publishing GmbH
Druck und Bindung: Books on Demand GmbH, Norderstedt Germany
ISBN: 9783640904839

Dieses Buch bei GRIN:

http://www.grin.com/de/e-book/140421/die-wende-in-der-ddr-eine-friedliche-
revolution-oder-eine-wiedervereinigung

Daniel Gast

Die Wende in der DDR. Eine friedliche Revolution oder eine "Wiedervereinigung"?

GRIN Verlag

Die Wende in der DDR

12. Februar 2008

Eine friedliche Revolution oder eine „Wiedervereinigung"?

Inhaltsverzeichnis

1 Ursachen

Ursache für die Wende in der DDR waren zahlreiche Ereignisse, die auf eine Demokratisierung hinarbeiten bzw. den Menschen Hoffnung gaben. Die Menschen wurden jedoch häufig enttäuscht. Den Einstieg lieferte der Beginn von Glasnost und Perestroika unter Michail Gorbatschow in der zweiten Hälfte der 80'er Jahre in der UdSSR. Trotz der Inakzeptanz der DDR-Führung gab es gesellschaftliche Veränderungen, die auch innerhalb der SED Gorbatschow Ansehen verliehen. Um der internationalen Anerkennung der DDR näher zu kommen, gab es auch seitens Erich Honecker Zugeständnisse wie zum Beispiel sein Staatsbesuch vom 7. bis 11. September 1987 in der BDR. Neben der Abschaffung der Todesstrafe in der DDR am 17. Juni 1987, gilt auch die Veröffentlichung der Schrift "Der Streit der Ideologen und die gemeinsame Sicherheit", herausgegeben von SPD und SED, im August 1987 als ein Ereignis, welches Hoffnungen weckte. Hierzu zählt ebenso der Olof-Palme-Friedensmarsch vom 1. bis zum 18. September 1987 bei dem die FDJ und der Friedensrat der DDR Märsche organisierten und durchführten. Eine von der Evangelischen Kirche organisierte, jedoch nicht genehmigte, Friedensdemonstration durch die Innenstand Berlins fand am 5. September statt. Die Demonstranten hielten Plakate in die Höhe auf denen das Symbol "Schwerter zu Pflugscharen", welches seit 1980 als Symbol der unabhängigen DDR-Friedensbewegung gilt und Anfang 1982 für massive staatliche Auseinandersetzungen sorgte, abgebildet war. Neue Verordnungen sorgten für eine Lockerung der Besuchsreisen in die BRD. Darüber hinaus muss die Ökumenische Versammlung genannt werden, die sich im Februar 1988 in Dresden, im Oktober 1988 in Magdeburg und im April 1989 in Dresden zusammenfand, wo sie auch am 30. April endete. In den letzten Jahren schien sich auch die Informationspolitik reformiert zu haben: Nun diskutierten und kritisierten Staat und Partei beispielsweise Entwicklungen in der UdSSR und informierten über Protestaktionen in der DDR, die zuvor bewusst verheimlicht und zurückgedrängt wurden. Die Ereignisse, die Hoffnungen zerstörten, trugen zumeist gleichzeitig zu einer Steigerung der Widerstandskraft bei. Dazu gehört unter anderem die Durchsuchung der Umweltbibliothek in den Kammern der Berliner Zionsgemeinde in der Nacht vom 24. zum 25. November 1987 mit anschließenden Verhaftungen. Als Protestaktion stellte die Bevölkerung vor allem im kirchlichen Raum Mahnwachen und Fürbittandachten auf, woraufhin man die Gefangenen entließ. Auch bei der Demonstration am 17. Januar 1988 in Berlin zum Andenken Rosa Luxemburgs und Karl Liebknechts, mit Losungen wie "Freiheit ist auch immer die Freiheit des Andersdenkenden", verhafteten die Beamten unzählige Demonstranten, teilweise sogar Prominente. Noch im gleichen Jahr folgten die Besetzung der Ständigen Vertretung und die Einstellung der Auslieferung der sowjetischen Zeitung Sputnik durch den Postzeitungsvertrieb am 18. November, da man sich in einem Artikel kritisch gegenüber den Maßnahmen der KPD in der Zeit der Weimarer Republik äußerte. Die Widerstandsbereitschaft der Menschen stieg besonders 1989 mit dem Arbeitsausschuss zur Gründung eines Freidenkerverbandes am 13. Januar und darauf die Gründung des Freidenkerverbandes am 7. Juni. [1]

---

[1] Wikipedia: http://de.wikipedia.org/wiki/Benutzer:Lley/neu1 (abgerufen am 05.02.2008)

2 Opposition im sozialen Weltsystem

2.1 Charta 77

Die Charta 77 zählt zu den bedeutendsten Phänomenen in der Geschichte, da sie nicht nur die erste, sondern auch die am längsten arbeitende Oppositions- und Dissidentenbewegung in den derzeit von der Sowjetunion besetzten Ländern war. Darüber hinaus inspirierte die Bewegung weitere oppositionelle Organisationen. Als einer der bedeutendsten Unterzeichner gilt Václav Havel, der von 1993 bis 2003 10 Jahre lang als Präsident der Tschechischen Republik amtierte. Im Jahre 1997 unterzeichnete Václav Havel die Charta. Jedoch wurde schon am 1. Januar 1977 die erste Deklaration der Charta 77 herausgegeben. Als Auslöser für die Entstehung der Charta sieht man heute die Veröffentlichung des internationalen Vertrages über die Bürger- und die politischen Rechte und des internationalen Vertrages über die wirtschaftlichen, sozialen und kulturellen Rechte, welche in der Schlussakte von Helsinki festgelegt wurden. Auch die damaligen fünf Repräsentanten der Tschechischen Republik unterzeichneten diese Schlussakte ohne sich über spätere Folgen im Klaren zu sein, obwohl die Verfasser der Charta-77-Deklaration genau dies zuvor betonten und sich für die Einhaltung der Menschen- und Bürgerrechte einsetzten. Neben den fünf Repräsentanten unterschrieben am 1. Januar 1977 noch 242 weitere Bürger die Deklaration. Im Januar 1990 konnte die Charta bereits 1800 Menschen für sich und eine Unterzeichnung gewinnen von denen sich allerdings 25 Prozent öffentlich distanzierten. Grund dafür waren schwerwiegende Repressionen des kommunistischen Regimes gegenüber Andersdenkender. Zu den Maßnahmen des Regimes gehörten unter anderem das Verbot der Veröffentlichung sämtlicher Schriften der Charta 77, Verhaftungen, Verhöre, Hausdurchsuchungen sowie Landesausweisungen ihrer Anhänger. Deshalb erschienen die Texte der Charta 77 vorrangig in den führenden westlichen Printmedien sowie deren Rundfunk- und Fernsehstationen. Die Ziele der Charta 77 waren nicht parteipolitischer Herkunft, vielmehr war es der konstruktive Dialog zwischen politischen und staatlichen Machthabern. Dies galt als Grundsatz der Deklaration und gerade deshalb bestand für das damalige Regime eine hohe Machtgefährdung. Bis einschließlich 1989 veröffentlichte die Charta 77 572 Dokumente und urteile so über gesellschaftliche und politische Erscheinungen, wobei die ständigen Menschenrechtsverletzungen kritisiert wurden. Als man der Meinung war die Charta 77 hätte ihren historischen Sinn erfüllt, stellte sie am 3. November 1992 ihre Tätigkeit ein. Neben Havel wirkte auch der Historiker Václav Komeda an der Bewegung mit. [2]

---

[2] Radio Praha: http://www.radio.cz/de/artikel/7237 (abgerufen am 04.02.2008)

2.2 Solidarność

Der Begriff "Solidarność" bedeutet "Solidarität" und bezeichnet eine polnische Gewerk-schaft, die 1980 durch eine Streikbewegung entstand und entscheidend an der Wende 1989 mitwirkte. Nachdem in Polen in der Nacht vom 13. Dezember 1981 der Kriegs-zustand ausbrach, nahm man die Führungskräfte der Gewerkschaft fest und erhob ein Arbeitsverbot für die Gewerkschaft. Dadurch war nur im Untergrund eine Existenz mög-lich. Ein knappes Jahr später am 8. Oktober 1982 wurde ein endgültiges Verbot über Solidarność verhängt. Daraufhin bildeten sich Exilgruppen der Solidarność heraus, die durch die Gründung von Büros gesellschaftlich-politische Bedeutung erlangten. Zu den bedeutendsten Büros gehörten zum einen das Brüsseler Büro und das Bremer Koor-dinationsbüro der polnischen Gewerkschaft NSZZ Solidarność, welches in Deutschland die Koordinierungsfunktion einnahm. Ebenso wichtige Funktionen nahm Solidarność während der Wende ein: Gespräche am "Runden Tisch" zwischen der noch verbotenen Untergrunds- Solidarność und der kommunistischen Führung vom 6. Februar bis zum 5. April 1989 führten schließlich zur staatlichen Anerkennung der Gewerkschaft Solidar-ność. Kurz darauf konnte Solidarność bei den halbfreien Wahlen am 4. Juni die über-wiegende Mehrheit für sich gewinnen. Allerdings wurde über die Sitzverteilung im Sejm bereits verhandelt. So gingen 65 Prozent der Sitze an die PZPR und an kommunistische Blockparteien und Organisationen. Die restlichen 35 Prozent teilen sich freie, oppositio-nelle Kandidaten. "Euer Präsident, unser Premier" - war der Slogan mit der Forderung des oppositionellen Bürgerkomitees, welches die politische Vertretung Solidarność dar-stellte, nach einer verstärkten Beteiligung an der Regierung. Während Ministerien für Inneres und Verteidigung unter dem Einfluss der PVAP stand, stellte Solidarność den ersten Ministerpräsidenten nach dem Zweiten Weltkrieg - nämlich Tadeusz Mazowiecki. Im Jahr darauf wählte man 1990 Lech Walesa zum Staatspräsidenten. Im Zuge dessen führten Glasnost und Perestroika sowie die aufkommende Arbeiterbewegung zur end-gültigen Lösung aus dem sowjetdominierten Ostblock. Die sogenannte "Schlussstrich-politik" verfolgte einen Straferlass für die Verbrechen der damaligen kommunistischen Regierung. Auch in der heutigen Politik Polens ist dies immer wieder ein umstrittenes Thema. Nach der Wende verlor Solidarność jedoch an Anerkennung, da diese Poltik für die wirtschaftlichen und sozialen Folgen verantwortlich gemacht wird. Daraufhin schloss sich Solidarność zu dem Wahlbündnis "Akcja Wyborcza Solidarność" zusammen, welches sich nach einem erneuten Wahlmisserfolg 2001 auflöste. [3]

---

[3]Wikipedia: http://de.wikipedia.org/wiki/Solidarność (abgerufen am 06.02.2008)

2.3 Glasnost und Perestroika

Egal, ob Ungarn, Polen oder die CSSR - die dortigen kommunistischen Regierungen weisen alle die gleichen Mängel auf: Wirtschaftskrisen, Menschenrechtsverletzungen, die fehlende Demokratie und Reisebeschränkungen sind Ursachen für eine sich in der Bevölkerung verbreitende allgemeine Unzufriedenheit. Brutale Niederschlagungen der Aufstände in der DDR 1953, in Ungarn 1956, in Prag 1968, in Polen 1970 in Polen und in Litauen im Jahr darauf saßen tief im Geiste der Menschen. Man war auf der Suche nach neuen politischen Wegen im Ostblock, die sich Michail Gorbatschow ab dem 11. März 1985 als neuer KPdSU-Generalsekretär zu seiner Aufgabe gemacht hat. Glasnost und Perestroika - zu Deutsch "Offenheit" und "Umgestaltung" - forderte Gorbatschow, um das veraltete kommunistische System aus der Krise zu lotsen. Sowohl staatliche als auch gesellschaftliche und wirtschaftliche Reformen sah Gorbatschow in der UdSSR als einzige Möglichkeit aus der Wirtschaftskrise herauszugelangen. So verlangte er in einer Rede vom Januar 1987 die demokratische Umgestaltung von Gesellschaft und Partei und kritisierte dabei die bisherigen Fehlentscheidungen der KPdSU. Einer der wichtigste Schritte auf dem Weg zur Demokratie die Aufhebung der "Breschnew-Doktrin" bzw. das Versprechen gegenüber den Ostblock-Staaten die Eigenständigkeit der Bürger zu respektieren und keinesfalls militärisch einzugreifen. Auch außenpolitisch setzt Gorbatschow auf Entspannung: Trotz erster Zweifel unterzeichnete der US-Präsident Ronald Reagan und Gorbatschow 1987 den INF-Vertrag für den Abbau der Mittelstreckenraketen. Auch Gespräche über eine Reduzierung der Nuklearwaffen wurde aufgenommen. In Polen und Ungarn wurden die ersten politischen Reformen eingeleitet. Davon lässt sich die SED-Regierung in der DDR jedoch nicht beirren und hält an ihrer jetzigen Politik fest. Ferienreisen in diese Reformländer werden bei DDR-Bürgern zunehmend beliebter und die spüren auch die Fortschritte ihrer Nachbarländer. Diese stellen eine große Bedrohung für die SED dar, ist allerdings nicht zu verbieten. Stattdessen verhindert man die Veröffentlichung der Ausgabe vom November 1988 der sowjetischen Zeitung "Sputnik" um Reformgedanken auszubremsen. Bei Gorbatschows Staatsbesuch im Juni 1989 in der Bundesrepublik unterstützt er die UdSSR in einer "gemeinsamen Erklärung" durch das Recht sich "das eigene politische und soziale System frei zu wählen." 1990 beendete Gorbatschow durch die Zustimmung der deutschen Vereinigung den Kalten Krieg. [4] [5]

---

[4]Wissen.de: http://www.wissen.de/wde/generator/wissen/ressorts/geschichte/Jahrhundertrevue/1981 20-201990/index,page=2470632.html (abgerufen am 07.02.2008)

[5]Deutsches Historisches Museum: http://www.dhm.de/lemo/html/DieDeutscheEinheit/WandelImOsten/glasnostUndPerestroika.html (abgerufen am 07.02.2008)

2.4 Gulaschkommunismus

Der Begriff "Gulaschkommunismus" bezeichnet eine abgemilderte Form des Staatssozialismus und bildete sich in den zehn bis zwanzig Jahren nach dem Ungarnaufstand von 1956 heraus. Im Zuge der Entstalinisierung begann nach der extremen Unterdrückung des KP-Parteichefs Mátyás Rákosi eine kurzweilige Reformphase. Die Niederschlagung des Ungarnaufstands durch die Rote Armee verhinderte ihre Fortsetzung. Der neue Parteichef der KPU und vorläufig auch der Ministerpräsident wurde János Kádár, welcher seine Macht noch bis 1988 behielt. Nach der Hinrichtung seines Vorgängers Imre Nagy 1958 ließ Kádár einige Erleichterungen zu, woraus sich schließlich der "Gulyás-Kommunismus" entwickelte. Im Zusammenhang mit der Gleichschaltungs- und Entspannungs-Politik führte man im Laufe der Jahre eine Privatwirtschaft ein, die den Anbau und den Verkauf von Gemüse oder auch kleine Dienstleistungen zuließ. Ziel war es das Freiheitsgefühl der Menschen zu steigern und nach den Wirtschaftskrisen der Fünfziger Jahre die Wirtschaft zu verbessern. Im Hinblick auf die vorsichtigen Reformen kam auch der Tourismus in Gang. Auch das Ausreisen wurden häufiger toleriert: So konnten politisch Unbedenkliche in den Westen reisen, auch wenn die Familie vorerst zurückblieb, und bekannte Wissenschaftlern wurden Reisen zu ausländischen Kongressen bewilligt. In Österreich hob man nach 1975 die Visumpflicht auf, welche in der Schweiz und in Deutschland allerdings weiterhin bestand. Dadurch wurde die Wirtschaft in Westungarn weitgehend angekurbelt. Der wirtschaftliche Aufschwung und die Reformen fanden schnell Zustimmung - das Vertrauen der christlichen Bevölkerung konnte jedoch nach den jahrelangen Repressionen nur schwer aufgebaut werden. So behinderte man immer noch die Seelsorge und in den Schulen wurde ausschließlich der Marxismus gelehrt. Noch bis etwa 1980 wurden die Bischöfe in ihren Aufgaben eingeschränkt und eine Versöhnung mit der Kirche war noch nicht in Aussicht. Im Laufe der Zeit knüpften neue Bischöfe bessere Kontakte zum Regime, wodurch sich das Verhältnis langsam aufbesserte. 1971 entschied sich Kardinal Mindszenty nach Österreich auszureisen. Mit dem Beginn der Amtsperiode vom Kardinal László Lékai ab 1976 entspannte sich die Situation zwischen Kommunisten und Katholiken. Aufgrund der zugelassenen Freiheiten war es Ungarn möglich die DDR-Flüchtlinge von 1989, die über die Tschechoslowakei kamen und von Österreich nach Westdeutschland reisen konnten, zu dulden. Der "Gulaschkommunismus" wurde nach dem Ungarnaufstand besonders durch Polens Kampf gegen den Kommunismus bestärkt und ermutigt, auch vor Solidarność. [6]

---

[6]Wikipedia: http://de.wikipedia.org/wiki/Gulaschkommunismus (abgerufen am 09.02.2008)

3 Entstehung der Opposition in der DDR

3.1 Wolf Biermann

Karl Wolf Biermann wurde am 15. November 1936 in Hamburg geboren und ist als deutscher Liedermachen und Lyriker bekannt. Die scharfe Kritik am politischen System des DDR-Regimes sollte zu seinem Verhängnis werden. Als Antwort des SED-Politbüros auf das Konzert vom Liedermacher Wolf Biermann am 13. November 1976 wurde ihm die DDR-Bürgerschaft aberkannt und Biermann somit ausgebürgert. Dies erklärte man als angemessen für das "feindselige Auftreten" während seines Konzerts in Köln, hieß es am 17. November in einem Kommentar. Protesterklärungen namhafter DDR-Schriftsteller wurden daraufhin in den westlichen Medien veröffentlicht und Publik gemacht, da sie in Ostdeutschland gezielt verschwiegen wurden. Dies veranlasse etwa einhundert Schauspieler, Künstler und Schriftsteller sich anzuschließen. Bedeutende Kritiker wurden schließlich ebenfalls ausgewiesen, unbedeutende oder unbekannte Protestierende verurteilte die Regierung. Trotz dieser Niederlage entstand eine Distanz zwischen der Intelligenzbürgertum und der SED-Führung, die bis 1989 nicht entschieden veränderte. Die Universitäts- und Industriestadt Jena stellte ein wichtiges Zentrum für die DDR-Opposition dar. Dort beantragten rund 10.000 Einwohner einen Ausreiseantrag. In der DDR bekamen die Bürger am 19. November 1976 erstmalig die Möglichkeit, die politisch-gesellschaftlich kritischen Lieder seines Konzerts in Köln zu hören, welches vom ARD-Fernsehen übertragen wurde. Der Ostberliner Liedermacher hatte seit 1965 Auftritts- und Publikationsverbot in der DDR, aufgrund des Gedichtbandes "Die Drahtharfe". Nur ein kleiner Teil der Intellektuellen hatte jemals einen Einblick in seine Schriften und seine Tonbandaufnahmen bekommen. Sein "Comeback" nach zehn Jahren im September 1976 in einer Prenzlauer Kirche endete schon im November, in welchem ein Konzert für die Jenaer Junge Gemeinde geplant war, jedoch nie stattfand. Seine Ausbürgerung aus seiner Heimat im November 1976 bewegte das Intelligenzbürgertum: So bezeichnete der Literaturkritiker Fritz J. Raddatz Biermanns Leben als "das verquer-priviligierte Leben eines staatliche anerkannten Staatsfeindes." Heinrich Böll schrieb, dass der Hamburger, welcher 23 Jahre lang in der DDR gelebt hat, nun ein "in die Heimat Vertriebener" sei. Biermann selbst sagte nur: "Ach, kommen bin ich vom Regen in die Jauche." Unvergesslich blieb Biermanns erstes Konzert in der DDR nach seinem Rausschmiss am 1. Dezember 1989 in der Leipziger Messehalle - der Hauptstadt der "friedlichen Revolution". [7]

---

[7]MDR: http://www.mdr.de/kultur/musik_buehne/172706.html (abgerufen am 08.02.2008)

3.2 Robert Havemann

Robert Havemann wurde am 11. März 1910 in München geboren und starb im Alter von 72 Jahren in München als deutscher Chemiker, Mitglied der Widerstandsgruppe Europäische Union und DDR-Regimekritiker. 1956 zeichnete man ihn mit dem Nationalpreis 2. Klasse der DDR aus und 24 Jahre nach seinem Tod erhielt er den Titel "Gerechter unter den Völkern". Durch eine Mitgliederversammlung der SED wurde der Ausschluss des Professors für physikalische Chemie Robert Havemann am 12. März 1964 beschlossen. Die Begründung war, dass er sich dem "Verrat an der Sache der Arbeiter- und Bauernmacht schuldig gemacht" hätte. Daraufhin entschied das Staatssekretariat für das Hoch- und Fachschulwesen der DDR Havemann seinen Lehrauftrag abzuerkennen. Am 13. März lautete die Begründung, Havemann habe in Interviews die Arbeiter- und Bauernmacht verleumdet und damit Pläne von Militaristen und Revanchisten gegen die DDR unterstützt. Als Hochschullehrer habe er seine Berufspflicht auf schlimmste Weise verletzt. In Verbindung mit seiner Vorlesung "philosophische Natur" zum Thema "Allgemeine Freiheit, Informationsfreiheit und Dogmatismus" erhob die SED bereits Anfang Februar 1964 schwere Vorwürfe gegen Havemann. Zur Absicht der Vortragsreihe äußerte sich der Hochschulprofessor gegenüber dem "Hamburger Echo" in einem Interview am 11. März 1964, leugnete jedoch im Nachhinein seine Aussagen. 1965 verhängte die Regierung über Havemann das Berufverbot und schloss ihn am 1. April 1966 von der Akademie der Wissenschaftler der DDR aus. Später veröffentlichte er zahlreiche SED-kritische Zeitungsbeiträge wie zum Beispiel "Fragen Antworten Fragen" oder sein Buch "Ein deutscher Kommunist". In einem Brief von 1976 an den Staatsratsvorsitzenden Erich Honecker, welcher vom westdeutschen Nachrichtenmagazin "Der Spiegel" veröffentlicht wurde, protestierte er gegen die Ausbürgerung des Liedermachers Wolf Biermann. Noch im gleichen Jahr verhängte das Kreisgericht Fürstenwalde Hausarrest gegen Havemann. Infolgedessen überwachte die Stasi sein Haus und seine Familie sowie die Familie seines Freundes Jürgen Fuchs. Der vorerst unbefristete Hausarrest wurde nach drei Jahren aufgehoben, an der Überwachung änderte sich jedoch nichts. Stattdessen leitete man gegen ihn ein Strafverfahren wegen "Devisenvergehen" ein, welches seine Publizierungen in der Bundesrepublik ausbremsen sollte. Zusammen mit dem Pfarrer Rainer Eppelmann trat er 1982 im "Berliner Appell" für eine gesamtdeutsche Friedensbewegung ein. Kurz darauf verstarb Havemann. Schließlich veranlasste die Zentrale Parteikontrollkommission der SED am 28. November 1989 seine postume Rehabilitierung. [8]

---

[8] Wikipedia: http://de.wikipedia.org/wiki/Robert_Havemann (abgerufen am 09.02.2008)

3.3 Rolle der Kirche

Der atheistische Marxismus-Leninismus war als Staatsideologie der DDR der Auslöser für starke Spannungen und Konflikte zwischen Staat und Kirche. Die DDR sah sich auf dem Weg zum Kommunismus, der ein Verschwinden der Religion einschloss. Daher galt die Kirche auch als ein ideologischer Gegner des Staates. Besonders zur Anfangszeit der DDR wurden die Christen von Staat verfolgt. So bezeichnete das DDR-Regime die jungen Christen an der Oberschule, die Junge Gemeinde und die Studentengemeinde als Feinde des Staates - vereinzelt gab es auch Inhaftierungen. Auch das Verhalten der Kirchen während des Nationalsozialismus und die allgemeine Ablehnung von Kommunismus und Sozialismus trugen zum Konflikt bei. Aber auch die hohe Verbundenheit zu westdeutschen Kirchen sah das Regime als Gefahr und den Militärseelsorgevertrag der Bundeswehr der ostdeutschen Kirchen als eine Provokation. Nachdem die Evangelische Kirche bislang noch gesamtdeutsch organisiert war, sah sie sich, aufgrund organisatorischer Schwierigkeiten und der Zunahme der Unterschiede zwischen ost- und westdeutschen Kirchen, dazu gezwungen 1969 den "Bund der Evangelischen Kirchen in der DDR" zu gründen. In der 50'er und 60'er Jahren ging man noch davon aus, dass die DDR bald verschwinden würde und eine Einigung mit dem Staat daher nicht notwendig sei. Dies änderte sich in den 70'er Jahren deutlich: "Wir wollen Kirche nicht neben, nicht gegen, sondern im Sozialismus sein", formulierte der Bischof Albrecht Schönherr auf der Synode des Bundes der Evangelischen Kirchen in der DDR 1971. Es stellte nicht den Kompromiss dar, den sich die Menschen gewünscht haben, aber man ließ sich darauf ein. Infolgedessen verbesserte sich die kirchliche Arbeit stetig, welche auch von der SED im sozialen Bereich sehr geschätzt wurde, da die DDR besonders bei der Behindertenintegration noch Defizite aufwies. In den 80'er Jahren bot die Kirche Initiativgruppen wie Friedens- und Ökologiearbeitskreisen, Frauengruppen oder Gruppe, welche sich für eine Demokratisierung einsetzten eine Unterkunft. Sogar kirchenferne Randgruppen wie Punks spielten Konzerte in den evangelischen Kirchen. Aber auch durch das Engagement vieler kirchlicher Mitarbeiter und Pfarrer mit Westkontakten konnten materielle Hilfeleistungen für die Gruppen erbracht werden. Die unbeständige Haltung der Kirchenleitung führte schließlich zu einer verstärkten Unterstützung der Kirchengemeinden und zugleich der Initiativgruppen. [9] [10]

---

[9]School-Scout: http://alt.school-scout.de/Buergerrechtbewegungen_DDR.cfm   (abgerufen   am 10.02.2008)

[10]Wikipedia: http://de.wikipedia.org/wiki/Christen_und_Kirche_in_der_DDR   (abgerufen   am 10.02.2008)

4 Ende der DDR

4.1 Montagsdemonstrationen

Ab September 1989 fanden regelmäßig Montagsdemonstrationen in Leipzig statt, welche sehr viel zur kommenden Wende in der DDR beigetragen haben. So schlossen sich die 1.000 Demonstranten am 25. September nach ihrem Friedensgebet zusammen, wurden allerdings durch die Polizei und die Stasi brutal zurückgeschlagen. Nichtsdestotrotz stieg die Zahl der Teilnehmer überproportional an: Am 2. Oktober demonstrierten 8.000 Menschen und am 9. Oktober fand die bedeutendste Montagsdemonstration mit 70.000 Menschen statt. Hier sah der Staat von einem gewaltsamen Eingrafen erstmalig ab, was die Menschen motivierte. Schon am 16. Oktober bildete sich eine Menschenmenge von 120.000 protestierenden DDR-Bürgern, am 23. Oktober waren es schließlich 300.000 Demonstranten. Seit dem 9. Oktober prägten die Bürger das Motto "Wir sind das Volk!" und setzten die Demonstrationen bis zum Jahreswechsel fort. Nach dem Mauerfall hieß es dann "Wir sind ein Volk!". [11]

4.2 Der 9. November 1989

Nachdem die DDR-Bürger ab dem 3. November über die Tschechoslowakei ausreisen durften, begann eine neue Ausreisewelle. Einen Tag darauf versammelten sich rund eine Millionen Teilnehmer auf dem Berliner Alexanderplatz zur größten Demonstration in der deutschen Geschichte, woraufhin die Regierung am 7. November zurücktrat. Am 9. November um 18:57 Uhr war es dann soweit: Günter Schabowski verkündete, dass nun jeder das Recht auf "Auslandsreisen" ohne jegliche Ausreisegründe besitzt. Tausende versammelten sich an der Grenze und die unvorbereiteten und zugleich überraschten Grenzsoldaten öffneten die Übergänge der Berliner Mauer. Einen Tag später besuchten Millionen von DDR-Bürgern die Grenzstädte, unter anderem Westberlin. Fremde Menschen, die ausgelassen miteinander feierten, waren zu beobachten. Am Abend des 10. November sprach Bundeskanzler Helmut Kohl vor dem Schöneberger Rathaus bei einer Kundgebung 30.000 Teilnehmern und noch am selben Abend empfingen ihn 150.000 Menschen zu einer Kundgebung vor dem Europa-Center. Als SPD-Ehrenvorsitzender prägte Willy Brandt dort den Satz "Jetzt wächst zusammen, was zusammengehört." [12]

---

[11]DDR-Lexikon: http://www.ddr-wissen.de/wiki/ddr.pl?Montagsdemonstration   (abgerufen   am 08.02.2008)

[12]Wikipedia: http://de.wikipedia.org/wiki/Deutsche_Wiedervereinigung (abgerufen am 08.02.2008)

5 Fazit

Ob man die Frage, ob die Wiedervereinigung auch eine Wiedervereinigung war, mit "ja" oder "nein" beantwortet, hängt von der Betrachtungsweise ab. Offiziell spricht man noch heute ganz klar von einem Deutschland, welches ein Grundgesetz und ein Strafgesetz besitzt. Auch das Grundprinzip der Wirtschaft der neuen Bundesländer hat sich weitgehend an den Westen angepasst. Dennoch gibt es bis heute deutliche wirtschaftliche Unterschiede zwischen den neuen und alten Bundesländern. Noch immer ist die Industrie wesentlich stärker im Westen vertreten, die Preise und die Kaufkraft sind im Westen deutlich höher, jedoch auch die höheren Löhne treiben gerade junge Leute in die neuen Bundesländer - nicht zuletzt aufgrund besserer Ausbildungs- und Arbeitsmöglichkeiten. Das sind auch Gründe für die besonders ausgeprägte "Alterung Ostdeutschlands". Die Jugend zieht nach Westdeutschland, die ältere Bevölkerung dagegen bleibt in Ostdeutschland. Auch im Gedächtnis vieler deutscher Bürger steht die Mauer weiterhin: So stellte man in einer Studie von 1999 heraus, dass den Ostdeutschen materielle Werte weniger bedeutsam sind als ein sozialer Umgang, die Westdeutschen legen hingegen weniger Wert auf soziale Werte. Im Laufe der Jahre stellte man fest, dass sich besonders bei der Jugend genau das Gegenteil ausgeprägt hat. Die Ältere Bevölkerung der Westdeutschen legt größeren Wert auf ein angenehmes Leben, Freiheit, Wohlstand, soziale Anerkennung und Macht. Ostdeutsche dagegen unterstrichen Gleichheit, Selbstachtung, Freundschaft und Hilfsbereitschaft, soziale Gerechtigkeit sowie Bescheidenheit. Betrachtet man die grundlegenden Aspekte Deutschlands scheint es wie ein Deutschland, doch schon bei genauerem Hinsehen werden deutliche Unterschiede ersichtlich, die klar gegen eine vollständige Wiedervereinigung und eine Gleichheit von Ost- und Westdeutschland sprechen. Deswegen muss man die Frage, ob es eine Wiedervereinigung Deutschlands gab mit einem "nein" beantworten. Somit war die Wende in der DDR nicht mehr als eine Eingliederung des Ostens in die bestehende Bundesrepublik.

6 Quellenverzeichnis

Wikipedia:

http://de.wikipedia.org/wiki/Benutzer:Lley/neu1

Radio Praha:

http://www.radio.cz/de/artikel/7237

Wikipedia:

http://de.wikipedia.org/wiki/Solidarność

Wissen.de:

http://www.wissen.de/wde/generator/wissen/ressorts/geschichte/Jahrhundertrevue/

1981 20- 201990/index,page=2470632.html

Deutsches Historisches Museum:

http://www.dhm.de/lemo/html/DieDeutscheEinheit/WandelImOsten/glasnostUndPerestroika.html

Wikipedia:

http://de.wikipedia.org/wiki/Gulaschkommunismus

MDR:

http://www.mdr.de/kultur/musik_buehne/172706.html

Wikipedia:

http://de.wikipedia.org/wiki/Robert_Havemann

School-Scout:

http://alt.school-scout.de/Buergerrechtbewegungen_DDR.cfm

Wikipedia:

http://de.wikipedia.org/wiki/Christen_und_Kirche_in_der_DDR

DDR-Lexikon:

http://www.ddr-wissen.de/wiki/ddr.pl?Montagsdemonstration

Wikipedia:

http://de.wikipedia.org/wiki/Deutsche_Wiedervereinigung

BEI GRIN MACHT SICH IHR WISSEN BEZAHLT

- Wir veröffentlichen Ihre Hausarbeit,
  Bachelor- und Masterarbeit

- Ihr eigenes eBook und Buch -
  weltweit in allen wichtigen Shops

- Verdienen Sie an jedem Verkauf

Jetzt bei www.GRIN.com hochladen
und kostenlos publizieren